JN410346

음악분수

음악분수

조은미 시집

계간문예

쌍둥이 시집을 내며

첫 시집을 내고 4년이 흘렀다.

여물지 못한 내 분신들을 세상에 내놓기에는 부끄러워서 망설임의 시간이 길었다.

죽음은 아직 나하고는 거리가 먼 남의 일이라 생각했었는데 수술 후 몸을 추스르기 어려웠던 회복기를 거치며 이러다 정말 내 삶이 어느 날 소리 없이 스러지는 건 아닌가? 불현듯 스치는 불안감은 뭔가 주변을 정리해야겠다는 강박관념으로 시집을 묶는데 용기를 내게 한다.

시처럼 아름답게 살고 싶었던 마음

음악 분수처럼 샘솟던 감성들로 채워졌던 그 시간들이 새삼 돌아올 수 없는 소중한 시간으로 마음을 채운다.

시란 억지로 쓰는 게 아니라 주변의 모든 것과 함께 같은 눈높이로 사랑하며 살아가는 삶 자체가 아닐까?

그동안 밀쳐놓았던 분신들을 다시 꺼내 보니 사랑스럽고 내 삶의 모습이 고스란히 배여 있다.

못난 자식이라도 내 자식이라 버리지 못하고 자식 자랑 팔불출을 자처하며 부끄러운 줄도 모르고 쌍둥이 시집을 2권으로 나누어 엮는다.

먼저 준비하고 서둘렀는데 아우가 제치고 먼저 나와 셋째가 되어버린 팔삭둥이!

내 삶을 따뜻하고 풍요롭게 했던 진솔한 삶의 고백이 삭막한 세상을 살아가는 외로운 이들의 마음을 보듬어주고 누군가의 가슴 속에서 잔잔한 쉼의 여유가 될 수 있기를 간절히 바라며 셋째를 출산하는 기쁨을 나눈다.

2018년 4월

유명산 자락 담소의 뜨락에서

조 은 미

차례

제2부 달팽이 이사 가는 날

3부 수레 굴리기

4부 감자 하늘을 날다

5부 태릍지의 오후

제1부

물오리 자맥질하다

물오리 자맥질하다

따사로운 봄볕
버들개지 우듬지에
빗질하고

살포시 실눈 뜨는
덤불 속 꽃다지 냉가슴
연둣빛 물이 든다

윤슬이 나붓이 펼쳐놓은 물 주름 위로
얼음장 밑 숨죽이던 발그림자 끌고
겨우내 움츠렸던 깃털 세우고 자맥질하는 물오리 떼

동심원 그리며 번져가는 파문 따라
겨울이 다녀간 그녀의 얼어붙은 가슴에도
봄 햇살 날렵한 버선코 세우고 기지개 켠다

봄은 허기도 잠재우는지

시간의 거리만큼 깊어지는 허기
오랫동안 만나지 못한 벗과의 해후 고대하며
벚꽃 흐드러진 고속도로 달린다

만개한 가로수 꽃길 위
한아름 추억이 먼저 내닫고
연분홍 봄 익어 가는 산
열린 차창으로
성큼 들어와 안긴다

빗장 열린 문
마주 달려오며
끌어안고 보듬는 품 안에서
까르륵 봄
숨이 넘어간다

꿈꾸는 백일홍

입질하는 가을
초록빛 사위는 강변

안개비 손등을 간질이고
빗방울 숨바꼭질한다

지나온 길
희뿌옇게 갇히는 안개속

단풍 빛 우산 하나 받쳐 든
막다른 길목

알록달록
백일홍 꿈 설레는 들판

가뭄

제 몸의 물기마저 마셔버린
잎새 늘어진 어깨 위
바람도 잠이 든다

하얀 햇살 속
후드득 비 돋는 소리
갈증에 허덕이던 나무
허리 곧추 세우고 숨을 쉰다

응어리진 속
빨갛게 타들어가던 무궁화
빗방울 하나
색 바랜 꽃잎 다독이고 있다

폭우

갈증으로 목이 타는 대지 위
노도같이 퍼붓는 욕정

더듬고 간 자리마다
갈갈이 찢긴 상흔

어느새 한 줄기 햇살
헤진 속살 보듬는다

음악분수

아스팔트 열기 마실 나간 저녁답
배롱나무 꽃분홍 입술
참았던 숨 내 쉬고
주눅 들었던 솔바람 기지개 켠다

초록 깃 세운 소나무 망보는 사이
부드럽게 속삭이는 음표의 구애
뿌리치듯 솟구쳤다
낭창하게 휘는 허리

잡힐 듯 안겼다
어느새 돌아서는 손길 따라
한들대는 농염한 몸짓

물보라 시원한 안개꽃 파편
말랐던 가슴 촉촉하게 물기가 차오르고
빗장 열린 문틈으로
파랑새 한 마리 날아들어 둥지를 튼다

감나무

북촌 고샅길 담장 너머
우뚝 치솟은 감나무
알알이 햇살 머문 자리

안으로 속살 채우며
도란도란 전설 들어와 박혀
귤빛으로 익어가는 배꼽

아스라한 가지
떨리는 조바심
장대 끝 염원이 그려내는 한 폭의 동양화

소쿠리에 얌전하게 얹히는 인생도
바닥으로 굴러 떨어지는 인생도
혀끝에 녹아드는 달콤한 하루

모과

약수터 가풀막 길
머무름 비켜서 응어리진 서운함
삐져나와 혹이 된다

울퉁불퉁 못생긴 게 제 잘못도 아니련만
저며 오는 아픔 속으로 삼키며
굳어진 상처 단단한 벽이 된다

외로움 견디다 가슴마저 터지는 날
인내로 버무린 고통
농익은 모과 향기

치자 빛 옷자락에 실바람 멈춰 서고
가을도 모과를 닮아 노랗게 익어간다

가을 해변

어느새 일어서
여름 업고 내닫는 하늘

홀로 남은 백사장에
응석받이 파도 풀어놓는 속내
하얀 거품 안으로 삭이며 어깨를 감싼다

새벽 어스름 뚫고
붉은 해 한 덩이 입에 문 갈매기
깃을 턴다

제 빛깔을 찾는 시간

태양의 열정 머무는 성숙의 계절
탱글탱글 여물어 가는 씨방의 미소
소슬바람 가만히 옷깃을 스치면
차가운 이성 분주함 벗고
비로소 제 빛깔을 찾는다

아낌없이 내어주고
지키는 빈 둥지
선홍 단풍 빛으로
샛노란 은행 빛으로
넉넉한 마음 담아 겨울을 마중한다

단풍

깊이를 알 수 없는 소용돌이
더는 그리움 담을 수 없어
활화산처럼 뿜어내는 불꽃

진홍빛 꽃불
산을 삼킨다
사랑에 취한 하늘 놀이 붉다

나무의 겨울나기

한 입 가득 먹구름 물고
찌푸린 하늘이 다가선다
바람도 휘몰아친다

선홍빛 소용돌이
제 살 떨어낸 파리해진 낯빛으로
분신들을 말없이 배웅한다

바람이 한 차례 휘돌아간 길목
고요하게 평화가 머물고
나무는 빈 가슴 되어

벗어야 하는 계절 앞에서
보이지 않는 눈짓으로 겨울을 견딘다

청마가 오다

선달 그믐 밤

쏙쏙 쏘는 한기
고단한 등
이불 속 파고 들고

핸드폰의 수많은 이름들
파도처럼
밀려왔다 밀려간다

머물다 스치는 상념
밤을 깨우는 제야의 종소리
하얗게 지워버린 캔버스

창 너머 한줄기 빛 세운 청마
어둠을 뚫고
문턱을 넘고 있다

막차가 미명을 깨운다

창 너머 눈 쌓인 나뭇가지
칼바람 머물고
새 한 마리 땅거미 끌고 온다

마지막 한 장 남은 달력
먼저 보낸 친구 장례식 날짜
동그란 눈 크게 뜨고 있다

마른하늘 날벼락 치던 날
바윗덩어리 하나 매달고
재가 되었던 가슴

어느새 밤 막차
뿌연 안개 가르며
미명을 깨운다

제2부

달팽이 이사가는 날

벼루 아침

창문을 여니 물안개가 어둠을 안고
말복 밀어낸 소슬바람 앞에 얼굴을 들여민다

벼루에 강물 같은 세월 붓고
둥글게 아침을 간다
온갖 잡념이 검은 먹 속에 녹아든다

콕 찌르면 터질 것 같은
볼 한가득 햇살 머금은 하늘
살포시 구름 휘장 걷어 올린다

붓끝으로 화선지에 길을 여는 시간
뾰족이 날 세우고 가시 친 담장에
하얀 아침이 새날을 열고 있다

녹천교, 찜

빗방울 보듬은 칸나꽃
새빨간 입술 더 붉은 아침

철 이른 코스모스
버선발로 마중 나오고

덤불 사이 샛눈 뜬 연분홍 메꽃
은륜 행차 엿본다

후들거리는 다리 가쁜 숨 턱에 닿고
가까이 한천교 반갑게 안긴다

아련히 우뚝 선 녹천교
눈도장 남은 미련

꼼짝 말고 거기 있어
내일, 너는 내꺼

달팽이 이사 가는 날

묵은 옷장
빛바랜 그림자 쫓는다

무릎 위 찰랑거리던 빨간 스커트
손가락 두 마디나 허리가 모자라는

거울에 비친 피에로 같은 낯선 얼굴
켜켜이 쌓인 시간의 껍질
싸하게 명치끝이 아려온다

비 내린 촉촉한 아스팔트 길 위
내 젊은 날이 늦은 걸음으로 흔들리며
한 땀 한 땀 제 속을 비워내고 있다

데자뷰

스쳐간 순간들
점이 되어 뇌리에 머물고
추억이 되어 둥지를 튼다

비슷하게 맞닥뜨리는 형상 앞에
부서지는 시간의 그림자들
아득한 기억의 편린 속 혼란스러운 반란

어디선가 만났을 것 같은 낯익은 기억의 파노라마
실마리 잡지 못하고
실타래는 점점 더 꼬여간다

망각 너머 가물거리는 기억의 끈을 놓지 못하고
어딘가 숨겨져 있을 것 같은
또 다른 나를 찾아 허공을 헤맨다

멍울 풀어내기

발 디딜 때마다 찌르는 통증
어느새 박혀버린 옹이는
세월의 훈장인가?
예리한 칼끝으로 도려내도
남아있는 명줄 하나 땅속에 뿌리 내리고 선다

발에 크림 살살 바르고 얼레고 달래보고
맺힌 멍울 풀어내는 손 끝
구겨진 얼굴 한 켠
햇살처럼 환한 날은 언제일까!

산고産苦

창가에 커튼을 닫고
한 평 보금자리
닻을 내린다

시계는 열두시 반을 넘기고
앞집의 전등 빛도 꺼진 밤

바닥을 알 수 없는 깊은 심연
꿈틀거리는 실상의 꼬리 잡으려
모니터 화면과 눈싸움 하고 있다

썼다가 지우고
지웠다 다시 쓰는
허리에 통증이 몰려오고
손가락도 뻣뻣이 굳어 온다

눈자위 핏발이 붉게 서고
자판 위 외마디 가쁜 숨 몰아쉬는
목까지 차오르는 산고의 진통
희뿌옇게 새벽 여명이 밝아온다

새벽 운동

열린 창
햇살 살포시 얼굴 내밀고

심호흡 가다듬고 마주치는 발바닥
하나, 둘, 셋, 넷
쉰에 접히는 손가락
백이 되고 오백이 된다

따뜻한 온기 핏줄에 자맥질 하고
새벽이 온몸 속 꿈틀거린다

시야, 어디로 갔니?

펄펄 끓는 심장
나무도 돌도 바람도
머무는 눈 맞춤
속삭이는 귀에 소리
타오르는 불씨 되어
쇳덩이 하나 토해낸다

구지레한 일상에 발목 잡혀
밀물에 밀려가듯 떠밀려가는 나날들
불길 한소끔 토해놓고
불씨도 꺼졌는지
차가운 용광로
남은 재만 뽀얗게 내려앉는다

시화, 입술을 열다

유리 액자 속
솔향기 그윽한 초록 그라데이션
검은 피 타고 내린 화인들
버석 거리는 마른 가슴 불 하나 지핀다

시린 파도 온몸 부비며
이제는 둥글어진 가슴으로
하얗게 피어나는 해무 보듬는 바위 틈 사이

환한 햇살
무지갯빛 꿈을 꾸며
구름 휘장 걸어 올리고
아침을 여는 소리 듣는다

신호등 앞에서

새벽 6시
아침 수영 가는 길

시작 시간 5분 전
빨간 불 앞에 마음은 콩콩 뛰고
아직 잠이 덜 깬 빈 거리 발이 앞서 나간다

반대 편 차선의 택시 그대로 멈춰 서
마주 웃는 미소

과열된 브레이크 잡아주는
초록 눈짓

어느 날 밤의 소묘

스탠드 희미한 불빛
설핏 잠이 깨어 뻗은 손끝
느껴지는 허전함
깜짝 놀라 후다닥 일어난다

침대에서 떨어져 널브러져있는 남자
흔들어 깨워본다
미동도 하지 않고 따로 노는 팔다리

심장이 멎었는지
숨소리마저 들리지 않는다
혼자 남겨진 아득함

여보, 여보
다급하게 재우쳐 불러본다
~~푸우우~~~~
숨을 몰아쉬며 지축을 흔드는 소리

~~휴우우~~~~
어둠을 가르며 트럭 하나 새벽을 깨우고 있다

8천 원의 행복

몸도 마음도 뿌연 먼지 내려앉고
유리문 밀고 들어서는 발끝
돌덩이 하나 매달린다

사각의 옷장
쌓이는 껍질
열쇠를 채우며 위선을 가둔다

나신을 향해 쏟아지는 물줄기
혼을 깨우고
비누거품 지난 자리
몽글몽글 피어나는 안개꽃

희뿌연 김 따리 트는 녹차탕
온기가 온몸을 휘감고
아늑한 달콤함
8천 원의 행복이
한가롭게 몸을 풀고 있다

엄마, 나도 엄마를 닮아가나 봐

뜯지도 않은 밀가루 봉지 하나
허리가 묶어진 북어 10마리
새 슬리퍼 한 켤레도 화단 모퉁이에 숨죽이고 누워있다

딸 얼굴도 낯이 선 친정 엄마
가슴이 미어지며
북어를 집어 드는 손가락 끝이 떨린다

마늘 파 다지고
고추장 설탕 참기름에 조물조물 무쳐 프라이팬에 지져대도
갖은 양념 한 입 문 북어는 말이 없다

어디서 났니 이 북어? 참 맛나다
아이 같은 천진한 엄마의 눈빛 앞에
왈칵 쏟아지는 눈물을 추스르지 못할 때

솔솔 무언가 타는 냄새
옥수수 삶다 솥까지 까맣게 태워버리다니
나도 점점 엄마를 닮아가는가 보다

왼쪽 모퉁이를 돌면

어스름 짙어가는 영등포 역 앞의
허름하고 썰렁한 왼쪽 모퉁이 호프집
문학의 한 울 안에서 함께 하는 낯선 동행

사각의 탁자 위에 삭막함 채우는
육중한 핏쳐의 노란 빛 살가운 유혹
"위하여" 높이 든 잔 위로 빗장이 열린다

어느새 이어지는 마음의 다리 너머
따사로움 꽃이 되어 서로 안에 피어나고
시간을 초월한 십년 지기가 된다

익숙하여 눈만 들면 다 보이는 오른쪽 모퉁이
그러나 낯이 설은 왼쪽 모퉁이 거기에도
빈 하늘 달달하게 채우는 설레임 웃고 있다

이별이 슬픔만은 아닌

4시30분!
고요를 흔드는 알람소리
용수철처럼 튀어 올라 수돗물을 튼다
시원한 물줄기 선잠을 깨운다

얼굴도 모르는 이의 죽음을 위해
검은 상복 갈아입고
따뜻한 마음 모여
달리는 봉고차 안

벽제 화장터
치매로 누워 계신지 7년
고통스러웠던 세월 묻고
노모는 영정 속에서 환하게 웃고 계신다

마지막 열린 문
새 삶을 떠나보내는 작별 인사
다시는 볼 수 없는 긴 이별 앞에

울음을 참는 슬픈 미소
천국 향해 떠나는 환송연
이별이 슬픔만은 아닌

콩나물국밥집

오후 2시
뒤늦게 12시를 가리키는 배꼽시계

시동을 걸고 오르는 아차산 가풀막 길
박대통령도 욕을 먹었다는 전설의 욕쟁이 할머니
집

“밥과 콩나물국이 더 필요한 분은 말씀하세요”
벽에 붙은 후한 인심

아삭아삭 콩나물
매콤한 청양고추

고소한 김구이
해 뜬 반숙 하나

칼칼한 새우젓
뽀글뽀글 뚝배기 끓는 소리

호호 불어가며 넘기는 첫술
목구멍 그득 채우는 시원함

혀끝에 올라앉는
울 어머니 손맛

털레기* 수제비

멸치 우려낸 맑은 진국
숭숭 썬 애호박
찰떡궁합 채 썬 감자 한소끔 끓을 즈음
청양고추 톡 쏘는 매운 시집살이

잘 자란 배춧잎 한생을 갈무리 하며
뒹굴던 밭고랑에서
묻어온 흙을 털고
푸른 잎 한 겹씩 벗겨내며
붉은 고추 버무려
인고의 시큼한 맛 어우러진 국물

뜨거운 김 제치고
혀끝에 한 술 밀어 넣는 순간
목구멍 응어리졌던 답답함
제풀에 녹아내린다

밀가루 반죽하듯
한생을 주무르고 다독여서
쫀득하게 씹히는

수제비 편린 같은 하루가 저물고
둥그런 두레상 둘러앉아
가족의 웃음소리도 젓가락으로 집어 삼킨다.

* 김치 속을 털어내고 끓인 수제비

탑을 쌓다

시린 바람 방황하다 코끝에 내려앉아
홀로 푸른 대숲에 눈싸움 걸더니만
복발에 똬리 틀고서 탑신을 더듬는다

모두가 떠나버린 빈 공원 한편에서
끙끙 앓던 척추마다 초연히 세우고
각 세운 자존심마저 세월에게 내줬는지

해탈한 미소 한 입 내 안에 벙근다
미운 사람 밀어내는 공사 중인 내 마음
가시 빼낸 속내에 탑 하나 쌓는다

틈새

어둠이 알몸으로 누운 방안
책임에서 해방되어
하루를 담기 버거웠던 온몸
침대에 뉘인다

부드럽게 감싸는 여유
바람도 살며시 기웃대고
단절 되었던 나와의 소통
분주했던 마음 한 자락 음악에 싣는다

어느새 따라온 한줄기 빛
오늘도 무사히 보낸 감사함
엷게 피어나는 미소
붙박이장 거울에 얼비쳐 웃고 있다

원룸 (One Room)의 시집살이

새집 짓느라 옹색한 원룸 전세살이
전기밥솥, 세탁기 마주 보고 웃고
침대, 냉장고, 책상도 사이좋은 이웃
째깍대는 시계 소리도
코고는 소리에 묻혀 잠이 든다

전깃불 고단한 나래 접은 한밤중
잠은 어디 멀리로 나들이 갔는지
옆 사람 깰까봐 살며시 일어나
모니터 화면과 눈싸움 한다

여리디 여린 가녀린 몸매로
제 한 몸 태우는 스탠드 불빛
말없이 홀로
어둠을 몰아내고 있다

억새, 아침을 열다
– 첫 시집 과의 해후

오랜 기다림의 끝
가슴 뛰는 해후
너무나 낯익은 나를 닮은
내 영혼의 그림자
뽀얗게 단장하고 갈아입은 새 옷

따끈한 온기 손끝에 머물고
가슴 조이며 넘겨보는 페이지 마다
한 땀 한 땀 엮은 정성
한줄기 따스함으로
억새가 아침을 연다

열무비빔밥

햇살도 허기지는 늦은 아침
열무김치 한 사발
상추 한 움큼
들기름 듬뿍

카톡 카톡
정겨움마저 버무려
고추장에 쓱쓱 비비는 제누리 때
하늬바람 꼴깍 침 삼키는 소리

불면

늦은 밤 커피 한잔의 고문
시간과 비례해 점점 맑아 오는 눈동자
재깍재깍 머릿속은 멈추지 않는 시계

김해 어느 동네 7살 계집아이가 되기도 하고
가보지 않은 미래
롤러코스트 질주한다

고요히 나를 찾아 침잠하는 시간
불면은 그대로 시가 되어 똬리 튼다
창가에 새벽 어스름 밝아오고 있다

귀가 달린 손가락

밭이랑 사이
무법자 점령군 한 판 싸움
송송 솟는 땀방울
시누이 심술인지
햇살도 거든다

녹아내리는 허리
저녁이 내려앉은 고단한 등잔등
온갖 소리 고삐 맨
허허로운 공간
햇살 떠난 자리
서늘함이 돋는다

적막함 서리서리 똬리 틀고
돌아누울 때마다
다리에 얹히는 신음소리
어느새
잠은 저만치 달아나고

달빛 기웃대는 창가

스마트폰 불빛의 화답
밑바닥 헤집는 마음의 소리
시인의 손가락
쫑긋 귀를 세운다

빨래

지친 영혼 무거운 몸
늘어진 어깻죽지

빨랫줄에 기대어
온몸으로 거부하는 바람의 유혹

따뜻한 햇살 사랑의 교감
뽀송한 얼굴
어느새 다시 내가 되어 선다

아스팔트

비 스밀까 햇빛 드셀까
육중한 차들에 으스러지지 않을까
온몸으로 막아서던 당신

시간의 연륜 거칠어진 피부
윤기나던 탱탱함 어느새 사라지고
거북이 등처럼 갈라진 상처
맨살이 드러난 웅덩이
빗물이 들이치고 따가운 햇살 내려쬐고서야
당신이 얼마나 소중한 존재인지 알았습니다

뒤늦게 당신의 사랑 깨달으며
어디서 날아왔는지 모르는 채송화 씨
뿌리 하나 받쳐들고
빨간 꽃잎 닮은 미소
당신의 가슴에 밀어올립니다

감자의 산통

가슴 한쪽 도려내는 아픔 참아내며
땅속 깊이 몸을 뉘이던 날
또 다른 나를 잉태하는 희망 하나 거머잡고
어둠을 견딘다

감겼던 눈 비비고
사력을 다해 밀어올리는 촉수
타들어가는 대지 위에
가슴 속까지 갈라지는 갈증 견디며
옆구리 마디마디 터지며 솟는 생명의 본능
초록 잎새 머무는 햇살
기다림의 시간
체관부 타고 알알이 땅 속에 영글어간다

고통의 인내
점점 더 단단해지는 속내
하지가 가까이 다가오는 소리
세상에 민낯 마주할 설레임 다독이며
하얀 감자꽃 미소 바람에 난다

제3부

수레 굴리기

그 강가에서

잃어버린 입술
정지된 언어 입 속에서 맴돌고

앙상한 뼈 마디
빈 껍질만 남아
콧줄에 의지한 채
시간을 묶는다

말라버린 감정의 강바닥
쩍쩍 갈라진 틈 사이
퇴화된 기억의 끝
회화된 기억의 끝
무심한 눈짓

모래바람 서걱거리는 강가
가만히 불러본다
엄마, 엄마

아버지의 목마

따끈한 햇살
등에 업히는 오후 3시
벚꽃 휘늘어진 꽃구름 터널 따라
아스라히 피어나는
창경원 밤 벚꽃놀이 그때 그 추억

달처럼 환하던 엄마의 미소
꽃비 되어 날고
목마 태우던 아버지
흥얼거리시던 콧노래
달팽이관에 맴돈다

명지바람 한 줄기
머리카락 위 내려앉고
앞섶 풀어헤친 코트 자락 사이
하얀 꽃잎의 눈짓 한아름 그러안는다

엄마

관악산 둘레길에 새빨간 단풍잎
한 점 바람에도 후드득 떨어지는 날
말랑한 인절미, 잘 익은 홍시 한 상자 싣고
달리는 차창 너머
누런 떡갈나무 잎을 닮은 엄마 얼굴
앞서 달린다

혼자 세수하는 것도 잊어버리고
기억도 망각의 강을 건너는지
딸 이름도 가물댄다
그래도 사위를 돌아보며
반가운 사람인 것은 기억이 나는지
입가에 미소가 벙근다

손마디 마디마다
한 생이 머물던 껍질 서서히 허물어지는 시간
돌덩이 들어앉아 응어리진 가슴
아이가 되어 시리도록 천진한 눈빛으로 내 속에 사는 엄마

창 밖
나뭇가지에 앉은 어미 새 한 마리
새끼 부리에 먹이를 넣어주며
또 다시 날개를 펼 준비를 하고 있다

가족

사슬에 묶인 잿빛 가슴
목울대 치미는 아픔 삭이며
장승이 되어 선다

사각 액자 속의 해맑은 미소
날개 단 천사되어 먹구름 밀어내고
노란 리본에 받쳐 든 나비떼
하늘을 난다

거친 파도가 가슴을 휘돌아간 자리
돌덩이 한아름 그러안는 시간
담장 너머 빨갛게
핏빛 토하는 장미로 핀 너

진분홍 너울 속에
알알이 박힌 향기 한 입 물고
너는 고통이 없는 나라에서
꽃이 되어 웃고 있구나

아이야!
엄마는 장미 정원에 나비가 되어
너에게 다가가리

단절

아직 새달이 시작 되려면 일주일이나 남았는데

인터넷도 카스토리도
동맹을 맺었는지
인정사정없이
카톡이 문을 닫아건다

환한 대낮
스스로 갇힌 벽 속에
문전박대 깜빡 잊고
습관적으로 문을 두드린다

어느새
스마트폰 노예가 되어
주객이 전도된 갑과 을
왕따의 고도에서
사면赦免의 처분을 기다리며
초조하게 시간을 죽이고 있다

덫

네온사인 요염하게 유혹하는 뒷골목
환희가 머무는 한 점 교감
격렬한 열정 불꽃 되어 타오르고
짜릿한 전율 온몸 타고 흐른다

호흡이 정지되는 순간
영혼은 허공에 산산이 흩어지고
허무의 끝 나락의 심연에
사슬에 묶여 널브러진 허기

뒤틀린 욕망의 노예
온통 덫에 갇힌 인간들
블랙 홀 속으로 빨려 들어간다

도넛이 삼켜버린 커피

바람 숭숭 들어와 어깨 끝이 시린 날
울상인 임차인 전화 받고 가게에 들어선다
손님이 한창 붐빌 오후 2시
가게 안이 썰렁하다

밖이 보이는 창가
창끝 같은 서릿발 감아쥐는 따끈한 커피 한 잔의 온기
한낮을 녹이는 커피향 피어나고
쇼윈도에 둥글게 누워있는 주인을 못 만난 도넛
제 몸에 설탕 툭툭 털고 몇 개 접시에 놓인다

마주 앉은 속눈썹 촉촉이 맺히는 이슬
까칠한 내 입술
동그란 도넛이 서걱대며
쓴 커피를 삼킨다

또 하나의 상실

요가 끝나는 시간
어둠을 밀어내고
부산함으로 술렁인다

머리가 텅 빈 썰렁함
모자를 쓰고 왔었나?
두리번거리며 찾는다

내 모자!
왜 저기 있을까?
익숙함이 머리에 얹힌다

방문을 연다
찬바람이 따라온다
화장대 위 얌전히 올라앉은 똑 같은 모자
그럼 이건?

되돌아
모자를 들고 헉헉 거리며 뛰어오르는 계단
올라가는 발걸음이 숨차다

아름다운 동행

가을빛 파랗게 들어찬 시월의 좋은 날
둥근 마음 모여 탑을 쌓는다
식탁마다 넘치는 웃음바다
빈 가슴 물기가 차오른다

공주에서 손수 기른 유기농 쌈채소
전주에서 새벽 버스 타고 서울 나들이 온 모시 송편에
투박한 정겨움이 고인다

풍성한 결실의 가을걷이
낭랑한 목소리 따라 축하소리 드높고
하늘같은 선배님 맥주 한 잔 뒤풀이
사랑이 넘어가는 상큼한 첫맛

가슴을 나눠가진 귀갓길
어둠 속을 달리는 전철 안이 훈훈하다

술잔 속 뜨는 해

빛바랜 시간 익어가는 인사동 뒷골목
천둥소리 둘러앉은 문우들

따뜻한 부추전 맛깔난 도토리묵 한 접시
함께 치켜든 막걸리 술잔 속 해가 뜬다

햇살 마신 불그레한 얼굴
가슴 속 빗장 열리는 소리
마른 하늘에 천둥이라도 치는갑다

독설

날카로운 말의 꼬리
정이 되어 박히고
소리 없는 망치질
쩡
가슴이 갈라진다

아려오는 아픔
쓸어내리며
까짓 것
그게 별거라고

허허로운 미소
소금 한 줌 뿌리며
덧난 상처 달랜다

좌변기

문을 쾅 닫고 나가는 소리
등 뒤에서 쏘는 말의 화살
목울대 치밀고 올라온다

허기가 몰려오고
답답한 가슴
입술이 탄다

뒤틀리는 속
꿋꿋해진 배를 움켜잡고
따뜻한 좌변기에 걸터앉는다

쏴아! 물줄기가
소용돌이치며 오물을 밀어낸다
맑은 물 수혈한 변기는 찰랑찰랑 춤을 춘다

화해

사소한 말다툼 토라져 단절된 벽
카톡 문자 타고 작은 구멍 하나 뚫린다
"내가 잘못했어. 미안해"

크리스털 유리병 창식된 찻집 창가
바이올린 현에 실려
공간마다 들어차는 음표들
사각 테이블에 앉아 기다리는 달콤한 여유

찬바람 밀고
성큼 들어서는 반가운 벗
햇살 담은 미소 안고
파란 잉크 알알이 들어찬 손 편지 내미는 손
모락모락 김이 나는 커피 잔에도 하트 하나 떠 있다

사부곡 思夫曲

하늘이 열리고 빛이 내려오던 날
칠십 평생 뿌리 내린 시간을 말아 쥐고
병고의 사슬에서 놓여난 영혼
새털처럼 가볍게 깃을 털고 비상한다

고통도 아픔도 없는 그 곳
해같이 빛난 얼굴
엷은 미소 한 입 물고
사랑의 강가로 떠나가는 임이시여

온기 떠난 빈 자리
시린 가슴 물기가 서리지만
내 삶이 다하는 날 달려가 그대 다시 만나리

수레 굴리기

미소 속에 고통마저 잠재우고
훨훨 날개 달고 꽃잎 되어 지던 날
마주 보며 손 흔들어 보내는 그대

젖은 속내
햇살 이운 자리마다
피어나는 너, 너, 너

수레를 굴리며 연둣빛 오월
싣고 가는 꽃마차
올올이 하늘 잇는 다리 수놓는다

칼로 물 베기

토라져 등 돌리고 벽보고 눕는다
"내가 미안해" 귀 밑 간질이는 소리
된장찌개 뽀글뽀글 웃는 새 아침

남천 연가

능개비 방울방울
영롱한 사파이어

알알이 붉은 언어
참을 수 없는 유혹

어느새 휘감기는
아스라한 그때 그 추억

찬비 속
홀로 받쳐 든 우산

두 마음 나란히
빗속을 걷는다

문

울타리 무너진 허허로움
반쪽으로 서는 생소함
익숙했던 옷의 무게 어깨에 얹히고

겨드랑이 새 날개 돋는 아픔
앙다문 입술
열린 문으로 비상을 꿈꾸며
날개를 파닥거린다

해물순두부찌개

썰물이 훑고 간 썰렁한 식당 한켠

소슬바람 지난 자리
속까지 베었는지
괜스레 아려오는 아픔

알싸한 매운 맛
뜨끈한 해물순두부찌개 한 입
속 아린 여인의 가을을 감싼다

제4부

감자 하늘을 날다

감자 하늘을 날다

사방이 캄캄한 사각의 벽에 갇혀
바닥에 널브러져 소외된 아픔 삭이며
마지막 사력을 다해 촉수 하나 받쳐 든다

기다림의 응어리
밝은 햇살에 민낯으로
성큼 들어 올려지는 아득한 순간
드디어 대지의 품에 안긴다

포근한 땅속에 뿌리 내리고
살점이 썩어져 한생이 끝나는 아픔 뒤
땅껍질 뚫고 우뚝 솟은 초록 잎새
감자 꽃 보랏빛 미소 하늘을 난다

가로수

매연이 할퀸 자리 먼지 자욱한 길
한 계절 타고 흐른 샛노란 우수
물기 마른 나비떼

칼바람 날 세운 날
하늘 잃어버린 사람들 어깨를 움츠리고
발걸음 동동거리는 소리

오롯이 겨울 이고 서 있는 은행나무 가지에
참새 두 마리
서로 다독이는 따스한 저 눈빛

달뿌리풀, 빗자루로 서다

끈질긴 목숨줄 끌어안고
건들마에 이리 흔들 저리 흔들 몸이야 흔들려도
든든히 뿌리내리고 견뎌온 삶

돌돌거리는 물소리에 속을 비우고
가닥가닥 은빛 머리칼 실바람 실어
응어리진 속내 보듬어주던
뼈마디만 앙상하게 남은 손마디

소금물에 한 가닥 남은 자존심 녹여내고
그늘에서 기다림의 시간 덧입혀
대나무 든든한 심지 가운데 박아
부드러워진 심성 한 올 한 올 빗질한다

머리에 빨간 띠 두르고
단정한 매무새 곧추세워
응달진 구석 쌓인 먼지 말끔히 쓸어낼 꿈을 꾸며
빗자루로 다시 서는 달뿌리풀

장작불

무서리 하얗게 내린 새벽
적막을 뚫고 어스름 깃을 턴다

먼 길 찾아오는 벗을 맞을 황토방 아궁이
한 아름 장작불 기다림도 지핀다

냉랭한 구들장 서서히 달아오르는 숨소리
꼭짓점 열리고 따사롭게 번져가는
남겨진 잉걸불 온기 설레임도 녹인다

생살 말려가며 안으로 쌓은 인내
굴뚝으로 하얀 손 내밀며 흔드는 것도 지칠 무렵
마지막 열정 온몸을 불사른다

타닥타닥 제 몸 타들어가는 소리
절정의 오르가즘
파란 불꽃이 인다

대추나무 신행길

어미 품 떠나 설움 한가득 가슴에 안고
뾰족한 가시 쭈뼛 세운 앙상한 가지에
먼 길의 고단함이 배였다
따라온 보드라운 한 줌 흙냄새 의지하여
낯선 땅의 두려움 앙다문 입술로 참아낸다

양지바른 울안 한 모퉁이
아늑한 보금자리
꼭꼭 다독이는 발자국 소리
벌렁거리는 하루를 잠재우고
실바람에 실려 오는 다정한 목소리
주눅 들어 얼었던 가지를 녹인다

꽁꽁 동여 여민 옷섶 한 자락 풀어 놓고
노독에 지친 몸을 지지대에 기대 본다
뿌리 내리고 잎이 필
낯선 도시의 따스함이 머무는 터앝에
살포시 선잠이 드는갑다

바퀴

시간이 지난 자리
어딜 봐도 둥글둥글
저 보다도 더 큰 몸체 머리에 이고
한마디 불평 없이 잘도 구른다

역사를 바꾸고 시간을 바꾸고
빛도 없이 그늘에 숨어
제 안에 가진 것 다 내어주고
흐르는 땀 미소로 닦아낸다

의지와 상관없이 덜미 잡힌 목줄
주인 잘못 만나 어긋난 인연
살인자 주홍 글씨 낙인이 찍혀
평생을 죄인으로 살아가는가?

벨루스*

옹색한 질그릇 한켠
버석거리는 모래에 몸을 풀고
웅크렸던 다리 뻗어본다

며칠 된 몸살에 아득해지는
아스라한 기억 너머
실낱같은 희망 하나 거머잡고
따가운 햇살 온몸으로 받아내며
갈증으로 타들어가는 고통 안으로 삭인다

응어리진 열망 꼭꼭 눌러 다독이며
오랜 기다림이 숙성되는 시간
어깻죽지 한쪽 통증을 참아내며
사력을 다해 꽃대를 밀어 올린다

실타래 풀리듯 줄줄이 봉긋한 꽃망울
인내를 딛고 선 환희의 합창
온갖 우울 밀어내는 진혼곡
농익은 희망 진홍빛 별꽃으로 피어난다

* 다육이의 일종

선풍기

허물어지지 않는 한 울타리 안
타인으로 선다

숨 막히는 정적 경직되는 몸
어지럼증 아득해지는 순간
섬광처럼 스치는 전율
운명에 순응하며
나를 내려놓는다

경계가 무너지고
모서리와 모서리를 잇는 몸부림
서로의 가슴에 녹아들어
물레방아 되어 돈다

함께 어우러져
구심점 향해
끊임없이 돌고 돌며
할퀸 상처 어루만지고 있다

셀카봉

생명의 텃밭에 몸 풀은 씨앗 하나
마을 초입 진치고
진종일 가슴 조이며 만남을 기다린다

큐피드의 화살 어둠 뚫고 가쁜 숨 몰아쉬는 순간
기다림은 끝이 나고
경쟁의 살얼음판
승리자의 깃발 하나 꽂힌다

오랜 갈망 하나 되어 서로를 보듬고
어둠 속 터널 달린다
탯줄로 이어진 생명
비로소 자궁 안에 보금자리 틀고
인연의 고리 잡고 살을 나누며
생명이 자라나 원이 되고 선이 되고 형상이 된다

인내로 참아낸 담금질
껍질 벗고 생명으로 태어나는 진통 저 너머
환한 세상 열리는 그 날
나를 꼭 닮은 너의 얼굴에 내 얼굴을 맞대고
셀카봉으로 사각의 집 한 채 세워보자

휴지통

몸 하나 추스르기도 비좁은 공간
한쪽 구석으로 밀려나
쪼그리고 앉아

저마다 쏟아놓는 응어리진 멍울들
한소끔 서로 엉켜 풀어질 즈음
동병상련의 정제된 눈물
상처 나고 구겨져 버려지는
또 다른 아픔 보듬고

자신을 비워야 넓어지는
열린 문으로 선다

안경

저마다 제 눈의 안경 쓰고
누구는 코라 하고
누구는 입이라 하고
왜곡된 허상의 노예 되어
사슬에 묶여 끌려 디니는

주인은 어디 가고
빈껍데기 붙잡고
목소리 큰놈 판을 치는
거꾸로 가는 세상

쓰기만 하면 제대로 보이는
어디 쓸 만한 안경은 없으려나?

죽부인

늘씬한 몸매 가녀린 뼈마디
세파에 시달리지 않은 단아한 자태

훤히 들여다보이는 속내
어르고 달래고 보듬고 유혹해도

서릿발 같은 냉정함
짝사랑에 몸이 달뜬 뜨거운 가슴
서늘한 냉기 뼛속까지 떨게 하네

흑마늘

촉수를 밀어 올려 한겨울 견뎌낸 후
알알이 굵은 씨알
오롯이 모인 한 울타리
느닷없이 허리가 잘리더니
하늘이 닫히고 어둠 속에 던져진다

속이 까맣게 타들어 가는
기약 없는 기다림의 시간
탱글거리던 속살
진액이 빠져나와 흐물거리고
독기가 빠진 몸에서 달큰한 향기가 난다

인내가 녹아내린 자리 윤기가 흐르고
살포시 올려다본 하늘
마주치는 눈 속으로
파란 하늘이 들어와 안긴다

밥

하얀 속살 드러내며 한 지붕 부대껴도
못내 내려놓지 못하는 자존심

맑은 물에 묵은 찌끼 씻어내고
온몸이 녹아내리는 열기 속 고통을 참아낸 후

벌거벗은 위선 끈끈한 인연 거머잡고
비로소 하나 되어 목숨 줄로 태어난다

물봉선화

잣 향기 드리운 호젓한 실 계곡
몰래 품은 짝사랑
속까지 붉어

가을 햇살 아래
함초롬히 열려있는
꽃분홍 입술

제발
날 건드리지 마세요

고마리 꽃

온몸으로 오염 받아내며
밟으면 밟을수록 두 눈 부릅뜨고
푸른 길 지키며 견뎌온 시간
실개천에 온통 연분홍 꽃별이 뜬다

벽난로

기다림의 시간
그 자리에 그렇게

소슬바람 노크 소리
불현듯 잠이 깬다

따스한 온기
타닥타닥 그리움 익어가는 소리

빈 가슴
따스한 불꽃이 인다

다육이 일기

키 재기 하던 다육이
하나 남은 이파리

뿌리는 살았는가
가만히 귀 대본다

제구실 못할 양이면
차라리 뽑아버릴까

그래도 아쉬워
창가로 옮겨준다

창문 너머 아침 햇살
살포시 이운 자리

새초롬 고개 든 새싹
낮달 보고 자맥질한다

녹두빈대떡

팔월 한가위
약방의 감초 빠질 손가
연둣빛 겉옷 벗어버리고
맑은 물에 몸 헹구고 명상에 든다

메말랐던 가슴 촉촉하게 물기 차오르면
온갖 시름 내려놓고 넉넉한 마음이 된다
믹서에 휘돌려 온몸이 부서지는 순간
비로소 내가 없어지고 우리로 선다

서로 안에 흐르는 평화
한 국자 듬뿍 퍼 올려
고사리, 숙주, 김치, 돼지고기,
빨강 고추 어우러지는 축제 한마당
뜨거운 번철에 강강수월래 한바탕 춤사위 익어간다

새벽안개

만삭의 빛 숨 가쁘다

발 아래 부표처럼 반짝이는 점들의 군무
푸르스름한 몽환의 숲
깊이를 알 수 없는 바다가 되고

한순간 눈부신 빛을 뿜어낸다
새벽을 깨우기 시작하는 저 초록 숲

열차

멀리 하나의 소실점 향해
영원히 합쳐지지 않는 평행선 위를
역마다 멈춰서 비워내고 다시 채우는

순리에 순응하며
흔들림 없이 제 길을 간다

방 빼

분노의 함성
간 밤 짙은 소금물에
퍼들퍼들 살아있는 권력
숨이 죽었겠지

맑은 물에 흔들어 행궈
국정 농단 오물 씻어내고
고춧가루 갖은 양념
모두 한데 버무려
항아리에 차곡차곡

숙성의 시간
골고루 간이 배어
익어 가면 좋으련만

비모란

강모래 거친 시간
삼각주 의지한 날들

든든하게 올라앉아
고고하게 빛난 자태

믿거라 방심한 사이
뿌리가 썩더니만 어느새 몸까지 썩어들어

업힌 공주 그예 사단
땅으로 데구루루

등잔 밑이 어둡다던가
믿는 도끼 발등 찍네

포인세티아

겨우내 잎 떨어진 대궁을 의지해서
맑은 싹 틔워 내어 초록으로 칭칭 감고
한겨울 포인세티아 붉을 줄 모르네

쳐진 어깨 들썩이는 무거운 한숨 소리
한 땀 한 땀 길을 여는 발뒤꿈치 옹이 박혀
맨발로 걷는 하늘엔 푸른 잎만 무성하다

제5부

테를지의 오후

등불 축제

도시에 어둠이 내려앉고
빛을 따라 걸어가는 도도한 사람의 물결

여울지는 청계천 가슴 속
형형색색의 형상들
제 그림자 드리우고
물속으로 가라앉아 벌거벗는다

겹겹이 울타리 친
회색 도시의 타인들
굳어진 심장 갈라지는 균열 소리

무심함의 껍질
빛 속에 녹아내려
청계천 속살 속으로 떠내려간다

테를지*의 오후

실바람 앉았다 간 초원의 언저리
연둣빛 파도에 밀려오는

뭉게구름 따라 피어나는 눈 시린 그 얼굴
허허로운 벌판
가슴 꾹꾹 눌러 하늘을 담는다

* 몽골 국립공원 이름

우리는 하나

초원의 한끝은 하늘에 감추었는지
흘러내린 옷자락 사이 봉긋한 젖가슴
소떼들 품에 안고 젖을 먹인다

사랑으로 보듬고 마주보는 눈빛
벽이 무너지는 틈새
둥근 지구가 들어와 안긴다

초록평화 온몸을 휘감는 테를지*의 아침

*몽골 국립공원 이름

살빛 가방 서촌나들이

인사동 염색 공방 한구석 우연한 해후
푸른 감 으깨어져 한생이 녹아들어
은은한 깊은 속정 무명천에 베어나는 감물 가방

몇 달 째 주인을 기다리는 전셋집 시름
광화문 광장 어지러운 세상 이야기
모두 다 가방에 쓸어 담고 전철을 탄다

경복궁역 2번 출구
오랜만에 만나는 벗들의 환한 웃음
기름 떡볶이, 멍게 비빔밥
통인시장 속살 헤집으며 동심을 닫는다

해종일 담은 하루의 행복 가볍게 흔들리는 살빛 가방
등 뒤 따라오는 햇살이 따사롭다

문경새재

물박달나무 연둣빛 짙게 내뱉는
4월의 끝자락
먼지마저 잠재운
보드라운 여인의 뽀얀 속살 위로
햇살 한줌 기어간다

하늘과 맞닿은 문경새재 고갯마루
인연을 말아 쥔 물레방아
쉬지 않고 돌고 도는 길 따라
그림자 앞세우고 거슬러 올라간다

객의 하룻밤 살갑게 보듬던 조령원 옛터
이끼 낀 돌담 처연한 적막
금이 간 막사발에 담는다

뜨는 별, 지는 별 서슬이 퍼렇던
교귀정 동헌 마루엔
뒤틀린 시간이 삐꺼덕 거리고

꿈틀대는 용
소용돌이 헤치며 솟구쳐 오르는 우레 소리에
피어오르는 무지개 잠긴 하늘 여는
용추계곡 옛 자취는 어디로 갔는지

시린 흰빛 올올이 내뿜고
바위 틈 부딪치며 제 살을 깎아내는
애련한 물소리만 귓불을 돌아든다

삼척 해신당 거포

붉게 타는 바다 위
사내는 거포를 장진한다

애랑의 외로움 잠재우고
꼿꼿이 하늘 향한 기상

등짐이 무거워
고개 숙인 그대여

일어나
대지의 베일을 벗기고
깃발을 흔들어라

자작나무 숲

은빛 물비늘 눈 시린 하얀 바다
희디흰 속살 내놓고
해바라기하는 인어들
실바람 살포시 어깨 보듬는다

귓결에 불어주는 바람의 밀어
행여 누구에게 들킬 새라
바스락 낙엽 밟는 소리에도
보시시 뽀얀 솜털이 솟는다

마주 안고 끌어안는 가슴과 가슴 사이
자작자작 파란 불꽃이 인다

일탈

잿빛 구름 토해내는
검은 고속도로
발목 잡힌 행렬 사이
용케 텅 빈 샛길
굽이굽이 똬리 튼 뱀 허리 감아 돈다

수줍게 앞섶 풀고
들어와 안기는 산
하늘 향해 기지개 켜는
잣나무 풋풋한 살 내음

하얀 포말 토해내는
시린 계곡물 발을 묻고
너럭바위 갈라진 틈 사이
배시시 고개 내민 철쭉의 환한 미소

정지된 시간 속
해를 걸어 잠그고
뫼비우스의 띠를 돌아 허물을 벗으면
산을 담은 가슴 초록 물이 든다

우포늪

화왕산 타고 내린 물줄기 흘러들어
얽히고설킨 그리움
맺힌 멍울 안으로 고인다

아득히 시간의 바퀴 굴러가는 언저리
순리 따라 살아온 삶의 흔적
넉넉한 가슴 되어 우뚝 선다

들도 아닌 것이 물도 아닌 것이
생명 가진 모든 것이 숨을 쉬는
엄마의 젖줄 물고
가시연도 잿빛 왜가리도 사이좋은 이웃이 된다

끝도 없는 초록의 시린 눈짓 그 사이로
바람이 걸어온다
길섶에 봉긋 젖멍울 세운 산딸기
옷고름 슬몃 여미며 고개 돌려 미소 짓는다

일타홍* 묘비 앞에서

흐드러진 모란 꽃 위
햇살 한 줌 머물고
초가집 앞마당
하품하던 삽살개 한 마리

초여름 무더위 안고
재롱 익어가는 채마밭 가로질러
까마득한 전설의 에움길 돌아
세월을 깨운다

풀어내지 못한 열정
치마폭에 감추고
달을 키워 해를 낳는 산고의 고통

칼바람 이는 욕망의 뒤안길에
사랑의 빈 그림자 그러안고
한 떨기 꽃으로 스러진 여인

잡풀이 무릎만큼이나 자란
일타홍 제단 위에

막걸리 한 잔 올린다
무심하게 흐르는 시간 앞에
피멍든 가슴 진분홍 꽃으로 피어난 엉겅퀴
가시 세우고 쓸쓸한 무덤가 지키고 있다

*선조 때 난봉꾼 심희수를 정승으로 만들어 출세시키고 정절을 지킨 기녀.

정실부인이 되지 못하는 한을 비관하여 자살한 일타홍을 평생 사랑한 심희수는 일타홍의 유언에 따라 고양의 선영에 일타홍의 제단을 만들어 주었다.

시에 능하고 〈달을 보며〉라는 시 한 편이 전해온다.

잣 향기 푸른 숲

그새 가을이 다녀갔는지
버석거리는 껍질만 남은 나무들 사이
하늘을 가린 잣나무
홀로 푸른 빛 머리에 이고
숲을 지킨다

푸름에 갇혀버린 숲 속
속살 헤집고 난 꼬부라진 길을
호젓이 걷는다

세월을 몸에 감은 몸집
휘몰아치는 비바람 수없이 다녀갔으련만
한 점 흔들림 없이 올곧게 하늘을 향해
잣 향기마저 은은하게 뿜어내고 있다

진천 농다리

모나면 모난 대로 둥글면 둥근 대로
따로가 하나 되어 켜켜이 쌓아온 신뢰
모질었던 풍랑 지나간 자리마다
천년을 견뎌온 인내
붉은 핏빛 지워지지 않는 상흔
응어리 풀어내며
마음과 마음 이어져 편안한 길이 된다

휘돌아 감기는 세금천
지네다리 힘주어 버티고 서서
아픈 삭신 참아가며 길게 드러누워
아낌없이 내어주는 잔등 위를
척추마다 밟으며 모난 마음들이 걸어간다
모서리가 닳아 서로가 닮아버린 돌다리 위로
돌을 닮아가는 넉넉한 미소 석양빛 노을에 벙근다

청계천 세레나데

들장미 앙증맞은 몸짓
실바람 옷깃 감아쥐고
입맞춤 한다

바람이 한줄기 쓰다듬고
물 주름 지도 그려가는 윤슬 따라
왜가리 몇 마리 종종댄다

사각의 그물 벽
손가락 건 자물쇠
시간을 삼켰는지

서로를 묶는
붉게 녹슨 이름 위로
저녁놀 살포시 내려와 앉는다

황매산 철쭉

환한 미소 흐드러진 가지마다
바람에 버무린 인내
불꽃으로 타오른다

꽃파도 넘실대는 도도한 바다 속
일상에 지친 삶을 헹군다

마파람 머물다간 간 우듬지
꽃불 삼킨 마른 가지
초록 잎새 새순이 돋는다

작품해설

사랑의 판타지

사랑의 판타지

정 성 수(丁 成 秀)
(한국문인협회 시분과 회장)

조은미 시집 《음악 분수》는 한 마디로 말하자면 '사랑의 판타지'이다. 그 사랑 판타지는 지구인뿐만 아니라 대자연, 보편적 일상사 등 이 세상 모든 것을 다 아우르는 사랑의 축제이다. 조은미 식 서정의 미학 속에 펼쳐지는 인간의 삶과 지상의 사물에 대한 사랑과 자아성찰이 어머니의 손길처럼 따스하다.

시적화자의 눈앞에 보이는 다양한 소재에 대한 사랑의 눈길과 소화력이 여러 가지 슬픔과 고통, 그 모든 것을 적절히 승화시킨다. 그것은 아마도 조은미 시인의 태생적 또는 환경적 요인, 그와 함께 오래 스며든 기독교적 정신이 그 뿌리일 것이다. 그는 이 세상 모든 번민과 고통을 사랑의 용광로 속에 넣었다가 다시 새로운 긍정의 광채와 함께 세상 밖으로 뿜어낸다.

다음 시를 살펴보자.

아스팔트 열기 마실나간 저녁답
배롱나무 꽃분홍 입술
참았던 숨 내쉬고
주눅들었던 솔바람 기지개 켠다
초록깃 세운 소나무 망보는 사이
부드럽게 속삭이는 음표의 구애
뿌리치듯 솟구쳤다
낭창하게 휘는 허리

잡힐 듯 안겼다
어느새 돌아서는 손길 따라
한들대는 농염한 몸짓

물보라 시원한 안개꽃 파편
말랐던 가슴 촉촉하게 물기가 차오르고
빗장 열린 문틈으로
파랑새 한 마리 날아들어 둥지를 튼다

―〈음악 분수〉전문

지상을 꿈꾸는 폭포와 달리 '분수'는 천상을 꿈꾸는 행위이다. 1연에서는 '아스팔트 열기 마실나간 저녁답/배롱나무 꽃분홍입술/참았던 숨 내쉬고/주눅들었던 솔바람 기지개 켠다'라고 여름 저녁나절의 상황을 노래한다.

1행에서 '아스팔트 열기'로 상징되는 문명의 그림자, 삶의 열망과 고통이 2행에서는 '배롱나무 꽃분홍 입술', 즉 자연적, 감각적 이미지로 전환한다. '솔바람'조차 '기지개를 켠다'. 일종의 시적 서장인 셈이다.

2연에서는 '부드럽게 속삭이는 음표의 구애'를 노래한다. '분수'의 물살과 함께 솟아나오는 역동적인 '음악'의 선율을 '분수'에 대한 '음표'의 프로포즈라고 표현한다. 여기서 '음표'는 남성성을, '분수'는 여성성을 상징하고 있다. '뿌리치듯 솟구쳤다/낭창하게 휘는 허리'라고 '분수'가 솟아올랐다가 하강하는 장면을 두 개체의 사랑의 몸짓으로 노래한다.

3연에서는 사랑의 농도가 더욱 짙어진다. '잡힐 듯 안겼다/어느새 돌아서는 손길 따라/한들대는 농염한 몸짓'이 그것이다. '음표'의 손길 앞에서 '한들대는' 분수의 '농염한 몸짓' 역시 감각적이고 에로틱한 표현이다.

4연에서는 시적화자가 정면으로 그 모습을 드러낸다. '말랐던 가슴 촉촉하게 물기가 차오르고/빗장 열린 문틈으로/파랑새 한 마리 날아들어 둥지를 튼다'. 여름날 저녁의 치유와 꿈, 희망의 판타지이다.

깊이를 알 수 없는 소용돌이
더는 그리움 담을 수 없어
활화산처럼 품어내는 불꽃
진홍빛 꽃불
산을 삼킨다
사랑에 취한 하늘 놀이 붉다

—〈단풍〉 전문

6행의 짧은 시 속에 시적화자의 열정과 사랑을 투사, 응축한 형태로 펼쳐놓았다. 1행에서는 '단풍' 속에서 '깊이를 알 수 없는 소용돌이'가 일어나고 있다고 표현, 나뭇잎이 '단풍'이 되는 데에는 그 속에서 깊이의 척도를 잴 수 없을 만큼 엄청난 내용의 상황이 벌어지고 있다고 노래한다.

2행에서는 더 이상 담을 수 없을 만큼 '그리움'이 넘쳐, 그 '불꽃'을 잎사귀 밖으로 '활화산처럼 품어'낼 수밖에 없다(3행)고 표현한다. '그리움'의 포화 상태가 외부를 향해 폭발하는 것. 그 '불꽃'은 그야말로 '진홍빛 꽃불'이다.

그 '그리움의 꽃불'이 얼마나 크고 강한지 '산' 하나를 다 삼켜버릴 정도이다. 실로 대단한 '그리움'이 아닐 수 없다. 이 시는 마지막 행에서 거대한 하늘을 사랑하는 조그마한 단풍의 '그리움'이 마침내 '하늘'이 '사랑에 취'하게 하고 그에 따라 '놀(노을)이 붉'게 물들게 하는 것. 시적화자가 말하고자

하는 사랑의 위대함이 '단풍'과 '놀(노을)'의 대비를 통해 극적으로 펼쳐진다.

다음 시를 살펴보자.

창가 커튼 닫고
한 평 보금자리에
닻을 내린다

시계는 열두시 반을 넘기고
앞집의 전등 빛도 꺼진 밤

바닥을 알 수 없는 깊은 심연
꿈틀거리는 시상의 꼬리를 잡으려
모니터 화면과 눈싸움하고 있다

썼다가 지우고
지웠다 다시 쓰면
허리로 통증이 몰려오고
손가락이 뻣뻣이 굳어온다

눈자위에 핏발이 붉게 서고
목까지 차오르는 산고의 진통
자판 위에서 외마디 가쁜 숨 몰아쉬는

희뿌옇게 새벽 여명이 밝아온다

—〈산고産苦〉전문

시쓰기는 노작의 경우, 여성이 아이를 낳는 '산고産苦'에 비견할 만하다. 다만 시쓰기는 정신적 산고이고 아기를 낳는 일은 육체적 산고라는 점이 다를 뿐이다.

'바닥을 알 수 없는 깊은 심연/꿈틀거리는 실상의 꼬리를 잡으려/모니터 화면과 눈싸움하고 있다'시적화자는 깊은 밤 컴퓨터 앞에서 떠오르는 시적 영감의 이미지를 구체적으로 표출해내기 위해 '모니터 화면과' 치열한 '눈싸움'을 벌이고 있다.

'썼다가 지우고/지웠다 다시 쓰면/허리로 통증이 몰려오고/손가락이 뻣뻣이 굳어온다'그야말로 중노동인 셈이다. 퍼스나는 또 이렇게 말한다.

'눈자위에 핏발이 붉게 서고/목까지 차오르는 산고의 진통/자판 위에서 외마디 가쁜 숨 몰아쉬는/희뿌옇게 새벽 여명이 밝아온다' 새벽까지 컴퓨터 앞에서 시를 쓰는 시인의 시에 대한 사랑과 노력, 그 시적 출산의 어려움을 적나라하게 표현하고 있다.

다음 시를 살펴보자.

사슬에 묶인 잿빛 가슴
목울대 치미는 아픔 삭이며
장승이 되어 선다
사각 액자 속의 해맑은 미소
날개 단 천사되어 먹구름 밀어내고
노란 리본에 받쳐 든 나비 떼
하늘을 난다

거친 파도가 가슴을 휘돌아간 자리
돌덩이 한아름 그러안는 시간
담장 너머 빨갛게
핏빛 토하는 장미로 핀 너

진분홍 너울 속에
알알이 박힌 향기 한 입 물고
너는 고통이 없는 나라에서
꽃이 되어 웃고 있구나

아이야!
엄마는 장미 정원 속 나비가 되어
너에게 날아가리

―〈가족〉전문

이승을 떠난 자식에 대한 어머니의 슬픔과 사랑의 전언이 그 나름대로 절제의 미학을 보여준다. 시적화자는 '사각 액자 속의 해맑은 미소/날개 단 천사되어 먹구름 밀어내고/노란 리본에 받쳐 든 나비떼/하늘을 난다'라고 사진액자 속 자식의 죽음 상황을 '천사'와 '하늘', 즉 저승의 세계로, 다시 말하자면 고난의 지상에서 그것을 초월한 천국으로의 영혼의 상승을 노래한다. 슬픔에 대한 극복이자 모성의 뜨거운 염원이기도 하다.

'진분홍 너울 속에/알알이 박힌 향기 한 입 물고/너는 고통이 없는 나라에서/꽃이 되어 웃고 있구나'

'고통이 없는 나라', 즉 죽음의 세계 천국에서 '너는' '꽃이 되어 웃고 있다'. 즉 죽음을 인간적 비극으로 바라보지 않는 종교적 승화, 정화된 영혼의 세계이다. 마지막 연에서 시적화자의 정체성과 자식에 대한 무한사랑이 드러난다.

'아이야!/엄마는 장미 정원 속 나비가 되어/ 너에게 날아가리'에서 보여주듯 시적하자는 한 다리 '나비가 되어' 이승을 떠난 자식의 영혼 곁으로 날아가겠다는 모성애의 극치를 보여준다.

다음 시를 살펴보자.

잣 향기 드리운 호젓한 실계곡
몰래 품은 짝사랑
속까지 붉어

가을 햇살 아래
함초롬히 열려있는
꽃분홍 입술
제발
날 건드리지 마세요

—〈물봉선화〉 전문

누군가를 향한 '몰래 품은 짝사랑이 속까지 붉'을 정도로 뜨겁다. '물봉선화'에 대한 시적화자의 자연스러운 감정이입이다. 꽃잎을 '가을 햇살 아래/함초롬히 열려있는/꽃분홍 입술'이라고 표현, 그 '짝사랑'이 감각적 사랑, 즉 영혼과 육체가 합일된 연정임을 보여준다. 그 입술은 육체적 사랑을 기다리는 요염한 입술이다.

3연은 사랑의 미묘함, 또는 이중성을 드러낸다. 물봉선화는 '제발/날 건드리지 마세요'라고 말하지만 이것은 '제발/어서 와서 나를 포옹해주세요'의 반어적 표현이다.

다음 시를 살펴보자.

온몸으로 오염 받아내며
밟으면 밟을수록 두 눈 부릅뜨고
푸른 길 지키며 견뎌온 시간
실개천에 온통 연분홍 꽃별 뜬다

—〈고마리꽃〉 전문

'고마리꽃'이 '온몸으로 오염 받아내며/밟으면 밟을수록 두 눈 부릅뜨고' 희망과 꿈을 잃지 않고 오랜 시간을 참고 견뎌왔다. 대부분의 개인도 우리 겨레도 지난날의 여러 가지 고난과 역경을 딛고 현재의 시간을 맞이하고 있을 것이다.

그 시간은 그러니까 '실개천에 온통 연분홍 꽃별'이 되는 축복과 승리, 환희의 순간이다. 그냥 평범한 꽃이 아닌 '꽃별', 즉 별과 같은 꽃의 화려한 만개이다. 그것은 승자로서의 눈부신 역동적 아름다움, 그 폭발이다.

다음 시를 살펴보자.

은빛 물비늘 눈 시린 하얀 바다
희디흰 속살 내놓고
해바라기하는 인어들
실바람 살포시 어깨 보듬는다

귓결에 불어주는 바람의 밀어

행여 누구에게 들킬세라
바스락 낙엽 밟는 소리에도
보시시 뽀얀 솜털이 솟는다

마주 안는 가슴과 가슴 사이
자작자작 파란 불꽃이 인다

―〈자작나무숲〉 전문

'자작나무'는 전신이 백색이다. 대개 수직으로 높게 솟아오른다. 그것은 순수한 꿈의 상징일 수도 있다. 시적화자는 1연에서 '자작나무숲'을 '은빛 물비늘 눈 시린 하얀 바다'라고 표현한다. 이어서 '희디흰 속살 내놓고/해바라기하는 인어들/실바람 살포시 어깨 보듬는다'라고 노래한다.

서정적이고 여성적이고 감각적이다.

2연에서는 더욱 섬세하고 여성적이다. '귓결에 불어주는 바람의 밀어/행여 누구에게 들킬세라/바스락 낙엽 밟는 소리에도/보시시 뽀얀 솜털이 솟는다'.

사랑하는 마음을 누구에게 들킬까봐 노심초사, '낙엽 밟는 소리에도/보시시 하얀 솜털이 솟'을 정도로 감각이 예민한 상태. 이러한 미묘한 감정의 세계는 특히 지난날의 동양 여성들의 애틋한 사랑의 정서에 가깝다. 바이올린의 현 같은 부드럽고 섬세한 심리적 율동이다.

3연에서는 '마주 안는 가슴과 가슴 사이/자작자작 파란 불꽃이 인다'라고 사랑의 생각이 구체적 사랑으로 변모하는 격정의 상태를 노래한다. 그 사랑은 적어도 '자작자작 파란 불꽃'이 일어날 정도로 대단히 열정적인 사랑이다. 순수하고 뜨거운 사랑, 이것이 아마도 이 시에서 보여주는 자작나무적 사랑이 아니겠는가.

조은미 시인의 다음 시집을 기대한다.

–2018 무술해 봄
칠읍산 자락 별내마을에서

계간문예시인선 131

조은미 시집_ 음악분수

초판 인쇄 | 2018년 5월 20일
초판 발행 | 2018년 5월 30일

—

지 은 이 | 조은미
회 장 | 서정환
발 행 인 | 정종명
편집주간 | 차윤옥

—

펴낸곳 | 도서출판 **계간문예**
편집부 | 03132 서울 종로구 삼일대로 30길 21 종로오피스텔 1209호
주소 | 03132 서울 종로구 삼일대로 32길 36 운현신화타워 305호
전화 | 02-3675-5633, 070-8806-4052
팩스 | 02-766-4052
이메일 | munin5633@naver.com
등록 | 2005년 3월 9일 제300-2005-34호
ISBN 978-89-6554-180-6 04810
ISBN 978-89-6554-118-9 (세트)

—

값 10,000원

—

이 도서의 국립중앙도서관 출판예정도서목록(CIP)은 서지정보유통지원시스템 홈페이지(http://seoji.nl.go.kr)와 국가자료공동목록시스템(http://www.nl.go.kr/kolisnet)에서 이용하실 수 있습니다. (CIP제어번호: CIP2018015691)